CONGRÈS DE 1818.

DE

L'ÉQUILIBRE POLITIQUE

DE

L'EUROPE;

Par M. JOUSLIN DE LASALLE.

« Les bonnes opinions ont pour soutien tous
» les hommes de tous les pays qui veulent pour
« eux *la liberté*, et pour leur pays *l'indépen-*
» *dance.* » (Avertissement.)

A PARIS,

Chez L'HUILLIER, Libraire, rue Serpente, n°. 16.

1818.

DE L'IMPRIMERIE DE RENAUDIERE, Marché-Neuf, n°. 48, près le Palais de Justice.

AVERTISSEMENT.

Au moment où le Congrès des Souverains de l'Europe se réunit à Aix-la-Chapelle ; dans un moment où l'on s'occupe plus que jamais de politique; où l'attention est fixée non seulement sur les affaires intérieures de l'État, mais aussi sur tout ce qui se passe dans l'étranger ; il est, je pense, du devoir de tout citoyen d'éclairer sa nation sur ses véritables intérêts; il est de son devoir, lorsqu'une réunion de souverains de l'Europe se forme, pour fonder et établir une paix générale, de prouver par son assentiment à cette réunion si désirée, que les bonnes opinions ont pour soutien tous les hommes de tous les pays qui veulent pour eux *la liberté*, et pour leur pays *l'indépendance*. Tels sont et tels doivent être les vœux de tous les vrais citoyens; tels seront toujours les nôtres.

Paris, le 1er. octobre 1818.

CONGRÈS DE 1818.

Un mot sur le Congrès de 1818. — Description d'Aix-la-Chapelle. — De l'équilibre politique de l'Europe, entrevu par Henri IV. — Des Souverains. — De la France et de l'évacuation du territoire. — Des Bannis.

Un nouveau Congrès où doivent assister les plénipotentiaires des grandes puissances de l'Europe, se réunit à *Aix-la-Chapelle*. Cette ancienne capitale des provinces de la France, cette ancienne cité où le fameux chef de la dynastie des Carlovingiens, Charlemagne, se retira, tout couvert de lauriers, pour y recevoir les ambassadeurs de tous les peuples vaincus, et y régler les destinées des nations qu'il venait de subjuguer; cette ville dis-je, va recevoir de nouveau les plénipotentiaires de tous les peuples de l'Europe. Mais, ô étrange révolution! Ils ne s'y présentent plus en vaincus; ils y viennent pour régler à leur tour les destinées de la France. Ce ne sont plus les ambassadeurs des roi d'Espagne et de Dannemarck, et de l'impératrice

1 *

Irène et de ses successeurs ; ce ne sont plus ni le Kan' des Huns, ni les princes des Avares ; ce ne sont plus les ambassadeurs du calife Aaroun-Al-Rauschild qui viennent implorer la paix et s'humilier devant Charlemagne, le vainqueur des nations ; ce sont les souverains de l'Europe, qui, réunis à Aix-la-Chapelle, viennent d'un commun accord cimenter le pacte d'une paix européenne, d'une alliance durable, et rendre à la France, à cette France si long-temps florissante, sa splendeur et son indépendance.

C'est à Aix-la-Chapelle que de nouveau vont se discuter les droits des peuples ; là vont être posées les bases d'un équilibre politique entre toutes les puissances. Ah ! si dans cette assemblée, les souverains se rappellent sans cesse qu'ils sont faits pour les peuples, si les prétentions et les droits des différentes nations sont irrévocablement fixés, si les ministres plénipotentiaires sont uniquement dirigés par l'esprit de leur siècle, nul doute alors qu'Aix-la-Chapelle redeviendra encore le berceau d'une paix générale. Puissent les souverains puiser jusques dans les souvenirs de cette cité antique, et se rappeler que lors de la paix faite à Aix-la-Chapelle, en 1748, sous le règne de Louis XV, ce prince ne voulut rien pour lui, mais qu'il fit tout pour

ses alliés. Et puissent les ministres plénipotentiaires avoir toujours présent à l'esprit les paroles
de M. le marquis de *St.-Séverin*, l'un des plénipotentiaires français au Congrès de 1748, qui
déclara : qu'il venait accomplir les paroles de
son maître ; *qui voulait faire la paix non en*
marchand, mais en roi; et l'on sait qu'après
ce traité, l'Europe ne vit guère luire de plus
beaux jours, que depuis 1748 jusqu'en 1755.
Le commerce florissait (disent les historiens) de
Pétesbourg jusqu'à Cadix, les beaux arts étaient
partout en honneur ; on voyait entre toutes les
nations une correspondance mutuelle ; l'Europe
enfin ressemblait à une grande famille réunie
après ses différens. Puissions-nous bientôt jouir
de ces précieux avantages, et voir se renouveler
par l'assentiment de tous les souverains, les beaux
jours qui suivirent le Congrès de 1748. Tels sont
les vœux que forment et doivent former tous
les vrais citoyens ; tels sont les vœux que nous
ne cesserons de faire pour le bonheur général :
c'est ce qui nous a engagé à présenter quelques
idées sur le Congrès de 1818, et à offrir à nos con-
citoyens le fruit de nos soins et de nos travaux.
Avant de parler du Congrès qui va se réunir
enfin à Aix-la-Chapelle, nous croyons faire plaisir
à nos lecteurs en leur donnant au commence-

ment de ce travail une courte description de
cette ville, si féconde en glorieux souvenirs.
Nous puiserons à cet effet nos descriptions dans
un ouvrage publié récemment (1). L'auteur a
interrogé les monumens, les dépositaires de
l'autorité, les savans, les gens du monde; et en
un mot, il n'a rien négligé pour offrir des aperçus
clairs et une narration piquante et variée....
Mais, laissons parler le voyageur lui même:

« Arrivé à Aix-la-Chapelle, par un beau clair
de lune, je croyais voir l'ombre de CHARLE-
MAGNE planer sur sa cité chérie. (2) Mon premier soin dès le lendemain fut de rechercher

---

(1) Voyage entrepris en 1813 et 1814, dans le pays
entre *Meuse* et *Rhin*.

(2) C'est à Charlemagne que cette ville doit tout son
lustre : il en aimait les *Eaux thermales;* elle était le
centre de ses possessions personnelles ; et près du Rhin,
il pouvait surveiller les Saxons.

Sur une des principales portes du palais qu'il y bâtit,
était gravée une inscription latine, portant : « Ici soit le
» siège de l'empire au-delà des Alpes, la capitale de toutes
» les villes et provinces de France ». *Hic regni sedes
Transalpes habuntur, caput omnium civitatum et pro-
vinciarum Galliæ.*

Charlemagne y convoqua souvent le conseil général de
la nation.

tout ce qui pouvait y retracer son séjour. Au milieu de la grande place du marché, sur une fontaine, sa statue pédestre en bronze, a 6 pieds de haut; ce prince, la couronne en tête et un glaive à son côté, tient d'une main le sceptre, et de l'autre un globe surmonté d'une croix. Deux autres fontaines plus petites portent chacune un aigle qui étend ses ailes. La façade de l'hôtel-de-ville a une longueur de 58 mètres; il est élevé de trois étages, flanqué de deux tours, dont l'une a le nom de Granus. Ce Romain, d'ailleurs inconnu, fut probablement le fondateur d'Aix (1), qui, dans l'histoire de Charlemagne, et dans sa pragmatique, se dit encore Aquis-Granus (2); on m'ouvrit une vaste salle

---

(1) Aix : nom donné à ce lieu à cause de ses eaux chaudes.

(2) Aquis Granus, frère de Néron et d'Agrippa. L'histoire est muette sur ce prétendu frère de Néron. Apollon, comme dieu de la santé, ayant souvent été appelé Granus dans les parties des Gaules et de la Germanie occupées par les Romains, peut-être aura-t-on appelé ces bains *Aquis Grannus*, à cause des cures admirables qui s'y faisaient. Le nom d'*Aix-la-Chapelle* convient d'autant mieux à la ville, que sa première partie, par contraction, veut dire *aquæ* ou *aigues*, et que la seconde se rapporte à la *chapelle* de Charlemagne.

de l'hôtel-de-ville, où furent couronnés *Louis-le-Debonnaire*, *Othon-le-Grand* et trente-six de leurs successeurs, parmi lesquels on remarque *Frédéric-Barberousse*, *Rodolphe-de-Habsbourg*, *Charles-Quint* et *Ferdinand* son frère. La bulle d'or, en 1356, avait confirmé ce droit à *Aix-la-Chapelle* ; on y ceignait aux empereurs le glaive de Charlemagne, et on leur présentait son livre des Évangiles sur lequel ils juraient de maintenir la religion catholique. Depuis ils se firent couronner à *Francfort*, mais on donnait toujours des reversailles à *Aix-la-Chapelle*.

« Dans la grande salle de l'hôtel-de-ville, il s'est tenu un Congrès en 1668 ; et en 1748, on y a conclu un traité de paix dont les plénipotentiaires sont peints dans un seul tableau.

» L'hotel-de-ville, la statue et le cœur on été érigés par le bourguemestre CHORUS, en 1356...
. . . .

, » Mais, qu'est devenu le palais où Charlemagne reçut le *pape Léon*, un grand nombre de souverains, le *Kan des Huns*, les *princes des Avares*, les reliques du *patriarche de Jérusalem*, les drapeaux et les étendards des peuples vaincus, les ambassadeurs des *rois d'Espagne et de Danemarck*, de l'impératrice *Irène* et de ses successeurs, ceux du calife, *Aaroun-Al-Raus-*

child. O Charlemagne ! le temps n'a donc pas respecté l'enceinte impériale où tu rédigeais tes *Capitulaires* , tu fondais une *académie* , composais une *grammaire française* , et écrivais un *recueil de vieilles chansons* qui retraçaient les prouesses de nos guerriers ! je crois que la disparition des monumens de cette époque mémorable, doit être attribuée aux malheurs des siècles de barbarie , et non à la négligence des habitans d'Aix-la-Chapelle ; ils ont apporté le plus grand soin à la conservation des restes de Charlemagne.

» Les Normands ravagèrent cette cité en 880. Ils détruisirent totalement le palais. En 1172 , et en 1236 , des incendies consumèrent presque toutes les maisons. *Aix* fut prise en 1446 , par Henri de Gueldres , évêque de Liège , et en 1277 , par Guillaume , comte de Juliers , que les habitans cernèrent dans le combat et mirent à mort. En 1351 , elle fit avec le duc de Lorraine , l'archevêque et la ville de Cologne , et divers seigneurs , une alliance défensive contre les croisés qui commettaient toutes sortes de désordres en Allemagne. Elle était fort considérable du temps de Frédéric-Barberousse ; car , d'après un dénombrement fait en 1387 , sa population montait à 100,000 ames. Elle avait obtenu de ce fier Frédéric le droit de battre monnaie.

.Mais des événemens malheureux avaient déjà fait déchoir Aix-la-Chapelle, lorsque, le 2 mai 1656, par un grand vent, et dans un seul jour, toute la ville Caroline et une partie de la nouvelle enceinte furent réduites en cendre.

» Je vais donc vous décrire la ville telle qu'elle est aujourd'hui.

» Aix-la-Chapelle se trouve à 50° 47' 8" latitude nord, et à 3° 44' 57" longitude comparée de l'observatoire de Paris. La forme de cette ville est ovale ; ses rues principales sont larges, assez régulières ; en échange de leurs petits pavés pointus, elles en reçoivent maintenant d'un fort échantillon. Il y a un grand nombre de belles maisons, et chaque jour voit disparaître des façades gothiques. La population est d'environ 30,000 ames. Il ne reste que peu de traces de l'enceinte du temps de Charlemagne. Le terrain en est occupé par des places, des bâtimens et promenades.

La rue *Saint-Jacques* est la plus longue de la ville, qu'elle divise en deux parties presque égales : le *Comphausbad* en est le quartier à la mode, celui où affluent les étrangers et où roulent sans cesse les équipages. On trouve dans ce quartier les bains *Saint-Charles*, *Saint-Corneille* et ceux de *la Rose*. C'est dans ce quartier que, dans une promenade fort agréable , coule la fontaine minérale où l'on va boire , de très-grand matin , au son de la musique. »

Nous ne nous étendrons pas davantage sur cette cité , ancienne capitale des provinces de la France , sous Charlemagne. Nous renverrons nos lecteurs curieux de connaître les monumens, le commerce , les productions , et en un mot tout ce qui peut intéresser de ce pays , à l'excellent ouvrage qui vient de paraître , et où nous avons puisé ce que nous avons dit sur Aix-la-Chapelle (1). Aujourd'hui cette ville fait partie du grand duché du Bas-Rhin ; les traités ont donné un autre souverain au département de la Roër , et le roi de Prusse siège aujourd'hui où naguères a siégé Charlemagne.

Il me serait facile , sans doute , de rappeler ici les souvenirs des deux congrès dont *Aix-la-Chapelle* fut le rendez-vous dans les deux derniers siècles. Ce serait peut-être ici le lieu de rappeler qu'en 1668, sous l'immortel Louis XIV, cette ville fut choisie , d'un commun accord , par les puissances belligérantes , pour rendez-vous du congrès , sous la médiation du pape Clément IX :

(1) Voyage entre Meuse et Rhin, un vol. in-8°., chez Eymery, libraire, rue Mazarine, n°. 30.

je pourrais citer la modération que Louis XIV, ce prince tout puissant, porta dans la négociation d'une paix demandée par lui-même, le lendemain d'une victoire.

Je pourrais encore rappeler qu'environ un siècle après, en 1748, Louis XV, victorieux, et s'avançant de succès en succès, jusqu'au cœur des *Pays-Bas*, choisit encore *Aix-la-Chapelle* pour traiter de la paix : je pourrais dire que ce prince ne demanda rien pour lui-même, mais qu'il sollicita et obtint, seulement pour ses alliés, de grands avantages.

Il me serait inutile de revenir et de m'étendre sur ces faits trop connus, et déjà présentés dans plusieurs brochures qu'a fait naître le congrès de 1818. Il me suffira de faire remarquer que la conduite des rois de France, à ces diverses époques, fut toujours grande et noble, et que, si le descendant de nos rois, Louis XVIII, se trouve aujourd'hui placé dans des circonstances plus malheureuses, il n'en obtiendra pas moins, il faut l'espérer, une gloire différente, mais égale à celle qu'obtinrent, et Louis XIV, et plus tard Louis XV.

Je remonterai donc plus haut : je vais rappeler des faits peut-être aussi connus, mais qui prouveront que le projet de réunion si désirée des souverains de l'Europe , que le but qu'ils se proposent , en voulant établir et consolider le sys-, tême d'une paix perpétuelle entre toutes les puissances de l'Europe , avaient été entrevus long-temps avant par un roi de France.

Personne , sans doute, n'ignore aujourd'hui que c'est Henri IV qui, le premier, créa et médita le projet d'une république chrétienne , le projet d'une paix perpétuelle.

Jetons donc un coup-d'œil sur la situation générale des choses , au moment choisi par Henri IV pour exécuter son projet; et en examinant après la situation actuelle de l'Europe, nous verrons quels sont les avantages que l'époque présente a sur les temps anciens , et si nous pouvons espérer de voir se réaliser enfin le projet que créa Henri IV , et qu'il médita toute sa vie.

« La grandeur de *Charles-Quint*, qui régnait sur une partie du monde, et faisait trembler l'autre, l'avait fait aspirer à la monarchie universelle, avec de grands moyens de succès et de grands talens pour les employer ; son fils, plus riche et moins puissant, suivant sans relâche un projet qu'il n'était pas capable d'exécuter , ne laissa pas de donner à l'Europe des inquiétudes continuelles , et la maison d'*Autriche* avait pris un tel ascendant sur les autres puissances, que nul prince ne régnait en sûreté s'il n'était bien avec elle. Philippe III, moins habile encore que son père, hérita de toutes ses prétentions. L'effroi de la puissance espagnole tenait encore l'Europe en respect, et l'Espagne continuait à dominer, plutôt par l'habitude de commander que par le pouvoir de se faire obéir. En effet, la révolte des *Pays-Bas*, les armemens contre l'*Angleterre*, les guerres civiles de France avaient épuisé les forces d'Espagne et le trésor des Indes; la maison d'Autriche, partagée en deux branches, n'agissait plus avec le même concert; et, quoique l'empereur s'efforçât de maintenir ou de recouvrer en *Allemagne* l'autorité de *Charles-Quint*, il ne faisait qu'aliéner les princes et fomenter des ligues qui ne tardèrent pas d'éclore et faillirent à le détrôner. Ainsi se préparait de loin la décadence de la maison d'Autriche et le rétablissement de la liberté commune. Cependant nul n'osait hasarder le premier de secouer le joug, et s'exposer seul à la guerre; l'exemple d'Henri IV même, qui s'en était tiré si mal, ôtait le courage à tous les autres. D'ailleurs, si l'on excepte le duc de Savoie, trop faible et trop subjugué pour rien entreprendre, il n'y avait pas parmi tant de souverains un seul homme

de tête, en état de former et de soutenir une entreprise ; chacun attendait du temps et des circonstances le moment de briser ses fers. Voilà
quel était en gros l'état des choses quand Henri
forma le plan de la république chrétienne , et se
prépara à l'exécuter.

» Voyons maintenant quels moyens ce grand
homme avait employés à préparer une si haute
entreprise. Je compterais volontiers pour le premier d'en avoir bien vu toutes les difficultés ; de
telle sorte qu'ayant formé ce projet dès son en-
fance , il le médita toute sa vie et réserva l'exécution pour sa vieillesse ; ce profond secret qu'il
garda toute sa vie jusqu'au moment de l'exécution , était encore aussi essentiel que difficile
dans une si grande affaire , où le concours de
tant de gens était nécessaire , et que tant de gens
avaient intérêt de traverser. Il paraît que , quoi-
qu'il eût mis la plus grande partie de l'Europe dans
son parti , et qu'il fût ligué avec les plus puissans
potentats , il n'eût jamais qu'un seul confident
qui connût toute l'étendue de son plan ; et par
un bonheur que le ciel n'accorda qu'au meilleur
des rois , ce confident fut un ministre intègre.
Mais sans que rien transpirât de ces grands des-
seins, tout marchait en silence vers leur exécution.
Deux fois SULLY était allé à Londres ; la partie

était liée avec le roi JACQUES, et le ROI DE SUÈDE était engagé de son côté : la ligne était conclue avec les protestans d'Allemagne ; on était même sûr du prince d'Italie, et tous concouraient au grand but, sans pouvoir dire quel il était, comme les ouvriers qui travaillent séparément aux pièces d'une nouvelle machine, dont ils ignorent la forme et l'usage. Qu'est-ce donc qui favorisait ce mouvement général ? Était-ce la *la paix perpétuelle* que nul ne prévoyait et dont peu se seraient souciés ? Était-ce l'intérêt public, qui n'est jamais celui de personne ? Mais rééllement chacūn ne travaillait que dans la vue de son intérêt particulier, qu'Henri avait eu le secret de leur montrer à tous sous une face très-attrayante. Le *roi d'Angleterre* avait à se délivrer des continuelles conspirations des catholiques de son royaume, toutes formentées par *l'Espagne*. Le *roi de Suède* voulait s'assurer la *Poméranie* et mettre un pied dans *l'Allemagne*. *L'électeur Palatin*, alors protestant et chef de la confession *d'Ausbourg*, avait des vues sur la Bohême, et entrait dans toutes celles du roi d'Angleterre. Les *princes d'Allemagne* avaient à réprimer les usurpations de la maison d'Autriche. *Le duc de Savoie* obtenait *Milan* et la couronne *de Lombardie*. Le *pape* même, fatigué de la tyrannie espagnole, était de la partie, au moyen du *royaume de Naples* qu'on lui avait promis. *Les Hollandais*, mieux payés que tous les autres, gagnaient l'assurance de leur liberté. Enfin, outre l'intérêt commun d'abaisser une puissance qui voulait dominer partout, chacun en avait un particulier, très-vif, très-sensible, et qui n'était point balancé par la crainte de substituer un tyran à l'autre, puisqu'il était convenu que les conquêtes seraient partagées entre tous les alliés, excepté la France et l'Angleterre, qui ne pouvaient rien garder pour elles. C'en était assez pour calmer les inquiets sur l'ambition que par la suite aurait pu avoir Henri IV.

» De plus, ses apprêts ne se bornaient point à former au dehors des lignes redoutables, ni à contracter alliance avec ses voisins et ceux de son ennemi. En intéressant tant de peuples à l'abaissement du premier potentat de l'Europe, il n'oubliait pas de se mettre en état par lui-même de le devenir à son tour. Il employa quinze ans de paix à faire des préparatifs du jour de l'entreprise qu'il méditait. Il remplit d'argent ses coffres, ses arsenaux d'artillerie, d'armes, de munition ; il ménagea de loin des ressources pour les besoins imprévus ; mais il fit plus que tout cela sans doute, en gouvernant sagement ses peuples,

en déracinant insensiblement toutes les semen-
ces de divisions, et en mettant ainsi un si bon
ordre à ses finances, qu'elles pussent fournir à
tout sans fouler ses sujets. . . . . »

Sans avoir pénétré ses vues, l'Europe, atten-
tive à ses immenses préparatifs , en attendait
l'effet avec une sorte de frayeur. Un léger pré-
texte allait commencer cette grande révolution ;
une guerre, qui devait être la dernière, préparait une paix immortelle, quand un événement,
dont l'horrible mystère doit augmenter l'effroi,
vint bannir pour long-temps l'espoir du monde.
Ce même coup, qui trancha les jours de ce bon
prince, replongea l'Europe dans des guerres
qu'elle désespérait de voir finir. Mais enfin aujourd'hui, fatiguée par tant de désastres et de
malheurs, l'Europe entière redemande la paix ,
et les souverains veulent établir et consolider à
jamais le projet qu'avait créé Henri IV.

Jetons un coup-d'œil maintenant sur l'état
actuel de l'Europe.

La France pour sa population, pour l'indus-
trie et par le caractère de ses habitans , par sa
position au centre de l'Europe , domine sur
deux mers ; la France, avec tous ces avantages,
forme réellement un des états les plus intéres-
sans de l'Europe. Les triomphes , d'ailleurs ,

que la France n'a cessé long-temps de remporter, prouvent assez la prépondérance que cette nation bien maniée, était toujours sûre d'obtenir, avant que la Russie et l'Angleterre n'eussent pris leurs grands accroissemens, et occupé sa place.

L'Espagne n'a aucune espèce de pesanteur spécifique dans la balance de l'Europe. L'Espagne par-elle-même, ne peut rien, et il importe plus à l'Europe de veiller à sa conservation que de la faire servir à l'équilibre politique des nations.

Le *Portugal* est encore moins sensible dans la balance des pouvoirs européens.

L'Italie, toujours en fermentation, a besoin de son indépendance pour compter parmi les nations.

L'autriche a une immense étendue de terrain, qui, à quelques égards, fait autant sa faiblesse que sa force ; car elle lui donne des voisins partout et nulle part des frontières ; elle a donc besoin d'une organisation politique et militaire, qui la mette en état de balancer les forces des autres puissances, pour concourir avantageusement à l'équilibre politique de l'Europe.

La Pologne n'a pu exister un moment depuis

cent ans ; cet état a aussi besoin d'une organisation politique et militaire.

La Prusse, nation nouvelle, existait à peine
il y a cent ans. Elle a passé le dix-huitième siècle
à s'agrandir. Il importe beaucoup à l'Europe, que
la Prusse, placée au centre de la balance politique, soit toujours assez forte pour empêcher
qu'un des bassins n'entraîne l'autre entière-
ment.

La Russie, née pour l'Europe, comme la
Prusse avec le dix-huitième siècle, n'a pas cessé
de la troubler. C'est un empire dans un état de
croissance qui dure depuis cent ans.

Invulnérable chez elle, réunie en un seul
corps par l'acquisition de la Norvège ; la *Suède*
a acquis une force défensive très-grande , et une
force offensive très - appropriée au soutien de
l'équilibre général.

Depuis la guerre de la succession d'Espagne,
la Hollande avait perdu toute influence active
sur les affaires de l'Europe. En recouvrant son
indépendance, elle peut former aujourd'hui une
des colonies importantes dans la balance des
pouvoirs européens.

L'Angleterre, par sa position, sa constitution

et son esprit public (1), est aujourd'hui la puissance prépondérante en Europe. Inaccessible
chez elle, la guerre l'a en outre rendue maîtresse
des points les plus importans du globe. Il
est donc de l'intérêt général de l'Europe que
l'Angleterre soit un des points principaux qui
fixent les bases d'un équilibre général.

Il résulte de ce tableau de l'Europe, qu'elle
n'a jamais eu un équilibre calculé sur des bases
fixes ou régulières. Le traité de *Westphalie* est
le seul monument en ce genre ; encore n'était-
il applicable qu'à une petite portion de l'Europe. A la vérité quelques puissances se balan-
çoient assez bien ; mais elles ne formaient pas
un tout combiné et adopté à un système général.

On pourrait donc aujourd'hui prendre pour
modèle ce traité de Westphalie, et combinant
ainsi les forces de l'Europe, on parviendrait à
contenir les grandes puissances les unes par les
autres, et à garantir les petites par une hono-

---

(1) Montesquieu dit, en parlant des Anglais (*Esprit
des Lois*, liv. 20, chap. 8.) :

« C'est le peuple du monde qui a su le mieux se pré-
valoir de ces trois grandes choses : la religion, la liberté
et le commerce. »

rable clientelle : tel était le projet d'Henri IV ;
tel doit être sans doute aujourd'hui le projet
des souverains de l'Europe. Nous avons vu
qu'Henri IV ; après avoir conçu et médité cette
grande et sublime idée , était sur le point de la
mettre à exécution , lorsque la mort l'arrêta
dans ses projets ; espérons qu'avec de plus grands
avantages , les nations concourant au même but ,
et les souverains se trouvant réunis , donneront
enfin à l'Europe la paix et la tranquillité pour
lesquelles elle combat depuis si long-temps.

- Il ne nous reste plus qu'à parler de ce haut
intérêt que la France apportera sans doute au
congrès de 1818 ; il ne nous reste plus qu'à parler de l'évacuation du territoire français. Les
patriotes de toutes les nations , qui n'ont pour
mobile que le bonheur et l'intérêt général ,
pensent que l'affranchissement du territoire
français sera solennellement proclamé dans la
réunion des souverains. Pourrait-elle ne pas être
exaucée dans ses vœux et dans ses justes récla-
mations , cette nation qui remplit les engage-
mens des traités avec une exactitude qui tient du
prodige ; cette nation riche encore de glorieux
souvenirs, et toujours forte et redoutable par son
union et son amour pour son souverain.

Non sans doute ; quand les souverains de l'Europe vont se réunir à Aix-la-Chapelle pour poser les bases d'une paix genérale et d'une alliance Européenne, le premier acte de leur réunion ne peut, ne doit, et ne sera sans doute que l'affranchissement de la France.

Nous ne terminerons pas cet aperçu sur la situation de l'Europe, sans rappeler ces hommes malheureux, exilés, bannis de leur patrie, errans sur la terre étrangère, sans biens, sans asyle, ne pouvant trouver ou reposer leur tête. L'Europe pourrait-elle les voir plus long-temps proscrits et malheureux ! L'Europe pourrait-elle ne point compatir à leur misère, et les souverains pourraient-ils plus long-temps les laisser vivre dans la douleur et l'affliction. Tout ami de l'humanité aime à penser en ce moment que le Congrès va enfin s'en occuper, et leur rendre, sinon leur patrie, du moins leur donner un patrie adoptive : pour nous, pleins de confiance dans la bonté du monarque, nous osons espérer qu'enfin le jour du pardon n'est pas éloigné; nous osons espérer qu'il sera permis aux bannis français de rentrer dans le sein de leur famille ; ils ne pourraient être les seuls privés des bienfaits de la tranquillité et du bonheur général. Tels sont

les vœux que nous n'avons cessé de former; tels
sont ceux que nous formerons toujours, que
nous ne nous lasserons point de faire entendre ;
car il appartient à tous les citoyens, vraiment
amis de leur pays, de faire connaître leurs vœux
et leurs sentimens, toutes les fois que ces vœux
et ces sentimens ont pour but le bonheur général.

FIN.

www.ingramcontent.com/pod-product-compliance
Lightning Source LLC
Chambersburg PA
CBHW072025290326
41934CB00011BA/2880